ROLAND & ABIGAIL CARRASQUILLO
P.O. BOX 6424
CLEVELAND, OHIO 44101

Un mundo perfecto

Roy Berocay

ILUSTRACIONES DE ELBIO ARISMENDI

Uruguay

 colección derechos del niño

derecho a la sanidad

Título: *UN MUNDO PERFECTO*
©Del texto: 2000, Roy Berocay
©De las ilustraciones: 2000, Elbio Arismendi
©De esta edición:
  2000, Ediciones Santillana, S. A.
  Constitución, 1889
  11800 Montevideo, Uruguay
  Teléfono (598) 242 73 42

I.S.B.N: 84-204-5828-7
Depósito legal: M-32.950-2000
Printed in Spain - Impreso en España por
ORYMU Artes Gráficas, S. A., Pinto (Madrid)

Diseño de la colección: Enlace

2

La Comisión de Personalidades por la Infancia reúne a importantes escritores e intelectuales de Iberoamérica y España, quienes, de forma independiente, se han comprometido en la defensa de los derechos de la infancia y la adolescencia de América Latina, el Caribe y España. Han suscrito un Manifiesto que reclama a los Estados acciones concretas y definitivas en favor de la infancia y la adolescencia.

DECLARACIÓN DE LOS DERECHOS DEL NIÑO

DERECHO 4
Derecho a la calidad de vida,
a la salud, a la vivienda y al recreo.

PRÓLOGO

Lo que se puede ver, al menos en México, que es el país que yo conozco, de los niños, sobre todo de los niños de la calle, es que siempre se sitúan en las terminales de los autobuses, en la estación de Buena Vista, porque finalmente el único viaje que pueden emprender, que les ha sido dado emprender es el de la droga.

Otra de las cosas de los niños de la calle que llama la atención es su cercanía a los perros. No hay niño de la calle que no tenga un perro. En todas partes, en los terrenos baldíos, hay niños con perros que les sirven de almohadas, que les sirven de cobija. Un perro para un niño de la calle es todo. Es su mamá, es su papá, es su casa, y separarlo del perro es quitarle, incluso, una posibilidad amorosa enorme.

Los niños de la calle tienen sentido del humor, se burlan mucho de uno. Nosotros estamos un poco sentados encima de ellos, pero ellos se pitorrean un poco de lo que les proponemos. Recuerdo a unas niñas, a unos niños por la Estación de Insurgentes -allí donde se toman todos los transportes-, que vivían allí en los baldíos y siempre estaban diciendo que había señoras buenas que los querían adoptar. Me decían: «A mí hay muchas señoras, muchas, muchas, unas gordas, otras flacas, unas con copetes, otras güeras, otras pelirrojas. Pero yo no sé con quién irme». En realidad no se querían ir con nadie, porque en realidad no hemos sabido encontrar el lenguaje que llegue a su corazón, no hemos sabido abordarlos.

¿Qué quiere un niño, qué dice un niño, de qué habla un niño, de qué habla un niño en la calle, qué es lo que buscan? Siempre hay que pensar, sobre todo, en la inmensa desconfianza que nos tienen. Un niño desconfía de una trabajadora social, no quiere que se le acerque. Lo único que vale para ellos son sus cuates, que están en su misma condición, y sus perros.

Esto es lo que yo puedo decir de los niños. Claro, me refiero al grupo más depauperado, al grupo de los niños de la calle y al grupo de los niños que toman drogas.

Elena Poniatowska
Comisión de Personalidades por la Infancia

Siempre le pasaba lo mismo. Cruzaba el jardín, subía los tres escalones y se quedaba parado, mirando con asombro la gran puerta de madera. Y cuando entraba en la casa el asombro aumentaba. Es que todo era perfecto: el sillón, grande y cómodo, la estufa a leña con sus ladrillos exageradamente rojos y los grandes ventanales por los que se colaba aquella luz blanca, demasiado blanca. También, más allá, al fondo, pasando de largo por la sala y el amplio comedor, se encontraba la escalera, amplia, majestuosa, que conducía a su cuarto.

Luis llegó a la escalera e intentó levantar su pie, pero no pudo. A veces le sucedía eso; no se trataba de algo difícil, pero algunos días le pasaba. Llegaba allí, como ahora, y no podía levantar el pie. Retrocedió y volvió a intentarlo; el pie no se levantó. Pero no se puso nervioso, sabía exactamente qué tenía que hacer. Al tercer intento logró subir el primer escalón. A partir de ese momento los otros fueron muy fáciles.

Caminó por el pasillo, llegó a la tercera puerta y entró. Sonrió complacido: allí estaban la cama y el estante con libros y la computadora sobre el escritorio. También había juguetes, muchos juguetes, descansando a la espera de su dueño, posados sobre estantes o diseminados sobre la alfombra verde. Todo estaba tal como lo había elegido.

Parado en medio de su cuarto Luis dudó. ¿Qué podía hacer ahora? No estaba seguro. ¡Tenía ganas de tantas cosas! Podía optar, por ejemplo, por jugar con el tren que descansaba desarmado sobre una repisa; también, si quería, podría pedir que le contaran un cuento o... Finalmente se decidió: avanzó hasta la cama y se acostó. En el cielo raso había planetas y estrellas pintados y hasta un cometa con una larga cola de fuego. Se quedó observando aquella escena unos segundos y cerró los ojos: en lugar de los planetas vio, fugazmente, un montón de chapas mal clavadas sobre vigas de madera despareja.

Abrió los ojos y se sintió aliviado: el cometa todavía estaba allí. Así que decidió seguir adelante.

—Tengo fiebre —dijo en voz alta.

Sintió un ligero ardor en la frente y volvió a sonreír. Ése era el momento que más le gustaba, el momento de llamar a su madre.

—Mamá —dijo nuevamente en voz alta y se quedó mirando hacia la puerta cerrada. Su corazón se aceleró como un redoblante cuando ella entró en el cuarto. Luis sintió como una cosa que le recorría el cuerpo, una especie de electricidad tibiecita, casi casi como miles de pequeñas cosquillas, como si un ejército de hormigas le caminara por los brazos, las piernas, las mejillas.

—Pero... Luis... ¿qué te pasa, hijito? ¿Estás enfermo? —le preguntó aquella voz suave y dulce.

Luis asintió. Entonces la madre, una señora baja, de cabellos negros y anteojos, se le acercó y le tocó la frente. Luis sintió el suave contacto de la mano... y volvió a cerrar los ojos. Otra vez las chapas y una mujer diferente le gritaba más y más. Abrió los ojos y contempló a su madre. Ahora tenía ganas de llorar, pero no quería hacerlo. No era tristeza, era otra cosa, algo difícil de explicar. Muchas veces le sucedía, esas ganas de salir corriendo y no parar nunca o de romper algo sólo porque sí. Pero no ahora, no con ella allí, no en ese momento.

—Creo que tienes fiebre —dijo la madre—. Mejor llamamos al doctor.

Y momentos después llegó el doctor: un hombre joven, alto, de uniforme blanco, que se acercó, lo llamó por su nombre y lo hizo abrir la boca y hacer aghhhhh. Luego el doctor se fue y la madre volvió a pasarle la mano por la frente y por la cara.

—Ya estás bien, ¿verdad?

Era cierto. Luis estaba más tranquilo ahora y pensó que le habría gustado que ella le diera un abrazo. Pero con la enfermedad ya superada, ahora tenía otras opciones a su alcance. Se detuvo un momento a pensar. Podía levantarse

7

derecho a la igualdad / derecho a
recho a un nombre y una nación
cho a

y entretenerse con alguno de aquellos juguetes; ya había estado mirando el tren... pero no, no tenía ganas de eso. Todos aquellos juguetes tenían algo especial y algunos todavía no habían sido probados, pero no era eso lo que quería. También podía salir a jugar al fútbol o quedarse acostado y esperar a que su padre llegara del trabajo.

Se decidió por lo último y giró para observar la puerta, hasta que ésta se abrió lentamente.

—Hola... Luis... pensé que dormías —dijo el hombre alto, delgado y canoso—. ¿Qué quieres hacer?

Luis eligió que le contara un cuento. El padre fue entonces hasta uno de los estantes, tomó un libro y luego se sentó en el borde de la cama. Pero antes de comenzar a leer le pasó la mano por la frente y Luis sintió otra vez aquella descarga leve y cosquillosa. Esta vez no quiso cerrar los ojos.

Era un cuento corto, como siempre. Luis pudo ver cómo los personajes hacían toda clase de cosas y la niña tomaba un líquido que la achicaba y luego otro que la hacía crecer y crecer. También se divirtió mucho con aquel conejo que siempre andaba apurado y con el sombrerero loco, pero sabía que ya no tenía mucho tiempo, así que decidió que ya había escuchado y visto lo suficiente. El padre cerró el libro, se puso de pie y volvió a guardarlo en el estante, antes de salir de la habitación.

10

Entonces Luis se levantó apurado y eligió la camiseta de su equipo favorito. Luego salió del cuarto, bajó las escaleras y corrió rápidamente hacia afuera.

Al salir se encontró en una pequeña cancha de fútbol, donde lo aguardaban otros niños, también vestidos para el juego.

Luis se colocó en posición y el partido comenzó. Tomó la pelota y corrió hacia el arco. Llegó al área y disparó un tiro potente y cruzado. El guardameta rival se arrojó hacia un costado, sus brazos estirados como los de un superhéroe y logró atrapar el balón.

Luis regresó a su posición y vio cómo el saque de arco iba a parar a los pies de un rival. Lo persiguió a toda velocidad y se le tiró a los pies, recuperó la pelota y volvió a correr hacia la meta. Había otro jugador acompañándolo, así que le dio el pase y siguió corriendo, esperando la devolución que le llegó, perfecta, en el momento en que Luis entraba otra vez al área.

Esa vez el disparo fue bajo y al centro. El guardameta se estiró igual que la vez anterior, pero no pudo evitar el gol.

De pronto se escuchó un griterío infernal: los jugadores de su equipo festejaban con los brazos en alto y los rivales caminaban con la cabeza gacha. El partido había terminado.

Luis miró el reloj. Todavía le quedaba algo de tiempo. Podía jugar otro partido, si quería. Pero resolvió regresar a la casa.

11

LUIS
Y

13

Vista de afuera era realmente una hermosa casa: alta, de dos pisos, con ventanas amplias y paredes de ladrillos muy rojos, al igual que las tejas que rodeaban la chimenea. Adelante había un jardín, con varios árboles y también un tobogán y una hamaca que Luis había usado en muchas ocasiones.

Pero no se detuvo en el jardín. Entró a la casa y los vio: sus padres estaban allí, sentados en el sillón. Ambos sonrieron al verlo.

—Pero si aquí está nuestro pequeño... Luis... ¿cómo salió el partido? —preguntó el padre.

—Veo que ya te sientes mejor... Luis... ¿por qué no vienes a sentarte junto a nosotros? —invitó la madre, señalando un espacio a su lado en el sillón.

Pero Luis no avanzó. Se quedó allí, contemplando la escena: aquella pareja perfecta, el fuego amarillo y rojo que se movía como un nido de pequeñas serpientes en la estufa; la sala, la luz, el piso, las paredes, todo limpio, amplio, reluciente.

Sintió otra vez esa cosa en la garganta y la humedad en los ojos. Los cerró: las chapas, la mujer vieja que no era su madre, que seguía gritando; el hombre, que no era su padre, que llegaba tropezando con las cosas, quejándose por todo, acercándose a Luis con una mano en alto y...

14

—Te queremos mucho, Luis... —sonrió el padre.

—Sí, hijo, te queremos mucho —agregó la madre.

Luis abrió los ojos y los vio, algo borrosos.

La frase, en enormes letras amarillas, apareció delante de sus ojos, tapando parcialmente a sus padres.

Luis no quería que terminara. Todo estaba tan bien, exactamente como le gustaba. Le había llevado mucho tiempo lograr aquella perfección y ahora...

¡Por supuesto que quería continuar! ¿Qué clase de pregunta era ésa? ¿Quién sería el idiota que había escrito esa clase de preguntas? Trató de buscar en sus bolsillos, pero no había nada en ellos.

Game over

La imagen quedó congelada frente a sus ojos. Los padres, el sillón, el fuego inmóvil, hasta la luz de las ventanas había quedado atrapada como un rayo pálido, suspendido en el aire.

—Bueno, ya terminó, ¿tenés para mucho? —le preguntó una voz que le llegó desde alguna parte.

—No, no, ya va... —contestó Luis.

Luego levantó el visor y se quitó el casco; tuvo cuidado de no enredarlo en el cable grueso que salía de la parte superior. También se sacó los guantes, igualmente conectados a través de lombrices de caucho a una caja negra y grande, ubicada delante de la plataforma.

Descendió los dos escalones de metal y le entregó aquellos objetos a otro niño que esperaba ansioso. A Luis todavía le brillaban los ojos. El otro niño lo miró.

—¿Cómo estuvo?

—Bien.

—¿Qué elegiste?

—Salud, cuento, fútbol.

—¿Salud? Creo que nunca usé eso. ¿Está bueno?

—Depende —contestó Luis, quien no tenía muchas ganas de seguir hablando.

—¿No tenés más monedas?

Luis no contestó. Metió las manos en los bolsillos de su pantalón sólo por hacerlo; luego se quedó mirando. El otro niño subió a la plataforma, se puso los guantes y el casco. Luego apretó el botón de *start* y comenzó a moverse como esos mimos que a veces pasaban en la tele.

Luis esperó unos segundos. Se imaginaba cada paso. Ahora estaba entrando en la sala... Ahora se dirigía a la escalera... ¿Qué clase de padres habría elegido? Había al menos diez opciones para cada uno. ¿Qué clase de cuarto? ¿Le gustaría a ese niño hacerse el enfermo, sólo para sentirse atendido?

Decidió salir. Afuera los autos pasaban veloces por la avenida, como una manada de animales salvajes que de noche encendían los ojos como panteras. Pero aún había luz. Luis caminó una cuadra por la vereda, pasando delante de aquellas enormes vidrieras con televisores, equipos de

audio, ropa, zapatos... todas aquellas cosas que a veces se detenía a mirar, hasta que salía un vendedor y lo echaba.

En la esquina, junto al semáforo, estaban el Guille y María. Tenían las manos y las caras sucias, los pantalones vaqueros rotos y los zapatos gastados. Cuando la luz del semáforo cambió a rojo, los niños se abalanzaron hacia los autos y comenzaron a limpiar los parabrisas.

Luis se quedó observando, hacia un costado. Vio que, como de costumbre, algunos conductores movían la cabeza en señal de negativa y ni siquiera bajaban el vidrio de sus ventanillas; otros, pocos, generalmente los que tenían autos más baratos, sacaban la mano para darles algunas monedas a sus amigos. También estaban los que se quedaban como estatuas detrás de los volantes, mirando hacia ninguna parte, y quienes aprovechaban para hablar por sus teléfonos celulares.

La luz cambió a verde y los niños se acercaron a Luis.

—¿Y? ¿Cómo te fue? —le preguntó Guille escurriendo el agua de su limpiador en un balde de plástico.

—Bien, le encajé terrible gol y ganamos —contestó Luis.

—¿Te enfermaste? —preguntó María.

—Como siempre —contestó Luis.

—A mí me gusta enfermarme —le contó María—. Una vez hice que me llevaran a un hospital en una ambulancia

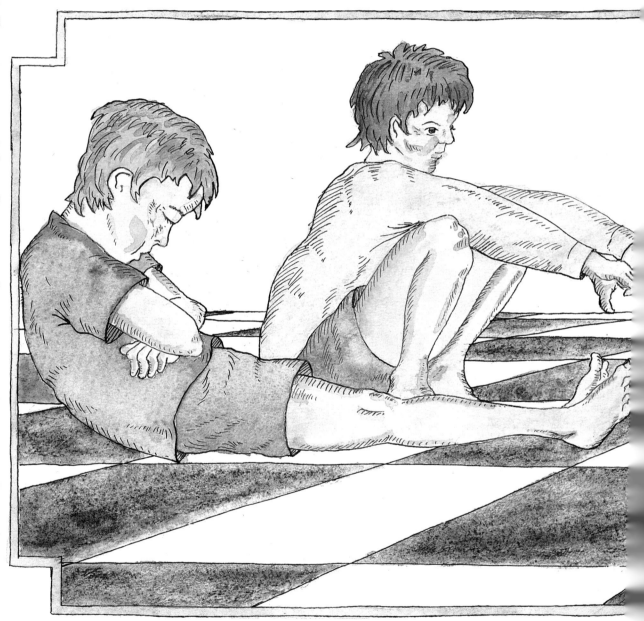

derecho a la igualdad / derecho a

recho a un nombre y una nación

ho a

tegr

na fa

duca

a la

ontr

a la i

ho a

digna

acio

cho

y mis padres... bueno... —dudó— ellos iban conmigo al lado de la camilla.

Luis no dijo nada. Hasta donde sabía, el Hogar Mágico no tenía esa opción, al menos él nunca la había encontrado. Pero sabía que a María le gustaba inventar historias.

La luz volvió a ponerse roja.

Con rapidez Luis agarró un limpiador y se lanzó a la avenida, avanzando entre los autos.

—¿Le limpio, señor? ¿Le limpio, señora?

Detrás de los vidrios las caras apenas hacían algún gesto. Luis pensó que no parecían personas de verdad. Al menos no parecían tan reales como los padres que siempre elegía, aquella señora de lentes y el señor flaco y canoso. Los padres hablaban, sonreían, se sentaban en un sillón, contaban cuentos. En cambio estas personas sólo estaban allí, como seres apenas vistos a través de la pantalla de sus parabrisas.

Luis miró el cielo. Ahora estaba nublado, pero no parecía que fuera a llover; a lo mejor todavía podían estar junto al semáforo una hora más. Luis pasaba el trapo en un vidrio y pensaba en aquella mano tibia sobre la frente, aquellas voces que lo llamaban por su nombre... No cerraría los ojos para ver aquel lugar del que se había ido hacía meses, con

la mujer gritona y el hombre violento. No al menos hasta la noche.

Con un poco de suerte juntaría aún unas cuantas monedas para regresar al salón de juegos y volver a visitar aquella casa, antes de irse a dormir con los otros niños, acurrucados en el piso de la estación de autobuses.

28

Este libro se terminó de imprimir en
los talleres gráficos de ORYMU Artes
Gráficas, S.A., Pinto, Madrid, España,
en el mes de septiembre de 2000.